QUELQUES CONSIDÉRATIONS

SUR

LA COLONISATION

DE

L'ALGÉRIE

PAR M. BERNIS,

Ancien vétérinaire principal de l'Algérie, membre du conseil
général de la Province d'Alger,
Officier de la Légion-d'Honneur, etc.

TOULOUSE,

IMPRIMERIE PH. MONTAUBIN,

Petite rue Saint-Rome, 1.

—

1866

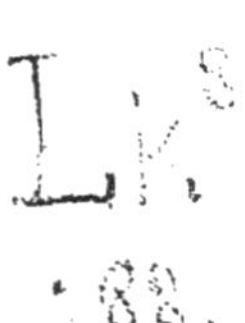

CONSIDÉRATIONS SUR L'ALGÉRIE.

Pendant ma présidence de la Société Impériale d'Agriculture d'Alger, j'ai publié quelques notes sur l'importance du progrès agricole, au point de vue de l'avenir de la colonie, et sur la multiplication et le perfectionnement des animaux domestiques. Je crois utile aujourd'hui de revenir sur des questions qui ont été perdues de vue ou qui n'ont pas été appréciées à leur juste valeur. Mais avant d'aborder ces questions agricoles, je me permettrai quelques mots relativement à la manière de gouverner les Arabes.

Toutes les fois qu'une insurrection se déclare, la confiance disparaît, les capitaux se retirent, les productions agricoles diminuent, l'industrie et le commerce souffrent, l'émigration européenne vers l'Algérie cesse, et on reste longtemps sous l'impression de ce trouble qui porte les coups les plus fâcheux à la colonisation. La paix, mais une paix durable, est donc indispensable. Pour y parvenir, il est de toute nécessité de s'assurer de la tranquilité des indigènes. A ce sujet, deux systèmes sont en présence :

1° Celui des philanthropes ;

2º Celui des rigoristes.

Le premier veut arriver à la rédemption et à la civilisation du peuple arabe par des moyens de douceur.

L'autre demande le refoulement de ce peuple par la force des armes.

Dans cette question, comme dans beaucoup d'autres, la vérité ne se trouve ni à l'un ni à l'autre des deux extrêmes : elle est au milieu.

Personne n'ignore que civiliser un peuple c'est perfectionner l'homme et la société, c'est faire progresser l'état individuel et l'état social ; en d'autres termes, c'est développer la nature intérieure et personnelle de l'homme, et améliorer les conditions extérieures et générales dans lesquelles il se meut. Ces deux progrès, celui de l'homme et celui de la société, doivent être simultanés ou du moins se suivre de près ; car l'un ne peut avancer sans entraîner l'autre ou sans reculer bien vite.

Les partisans les plus prononcés de la civilisation indigène disent qu'on a un peu amélioré l'état social de l'Arabe, mais ils sont forcés d'avouer qu'on n'a pu rien obtenir quant au perfectionnement de l'homme lui-même. Comme l'équilibre tend à se produire entre l'état social et l'état individuel, et que ce dernier n'a nullement progressé, nous ne sommes donc pas plus avancés à ce sujet qu'à l'époque de la conquête. Ce *statu quo* de la civilisation des arabes n'est pas de la faute des gouvernants, par la raison bien simple que l'indigène algérien est fort loin d'être aussi perfectible qu'on le pense généralement.

Sa conviction que Dieu a fait pour lui seul les plus belles choses de la création, et que tout ce qui n'est pas musulman est fort au dessous de lui, est le plus grand obstacle à une modification quelconque de ses idées. Cette conviction pénètre chez lui si profondément, qu'il sera très difficile, pour ne pas dire impossible, de la déraciner.

La religion de Mahomet n'est pas une religion de progrès, et tout porte à croire que les arabes ne la quitteront jamais pour adopter la nôtre. A leurs yeux, ce serait faire un grand pas en arrière. Plusieurs tentatives ont eu lieu à cet égard ; toutes ont échoué, et toutes celles qu'on essaiera échoueront encore. Comment faire changer de croyance ceux qui se considèrent en tout comme supérieurs aux autres hommes par le seul fait de ces mêmes croyances ?

Quand un peuple, qui est à la tête de la civilisation, a fait la conquête d'un autre peuple, il doit d'abord se demander si le vaincu peut s'élever à la hauteur du vainqueur. Dans le cas contraire, il est prudent de descendre jusqu'à lui afin de le gouverner, le plus possible, selon les idées qu'il est apte à concevoir. Pour cela il faut étudier avec soin le caractère du peuple à soumettre, ses mœurs, son organisation sociale, ses croyances, le degré de civilisation auquel il peut atteindre, et, ces études terminées, agir en conséquence. Si on avait fait de la sorte en Algérie, on aurait évité de grandes erreurs et nous serions certainement beaucoup plus avancés.

Tous les vieux Africains qui ont vu l'Arabe à l'œuvre savent que la douceur, la bonté, la clémence, la générosité sont pour lui, au point de vue de l'autorité supérieure, des signes de faiblesse qui le prédisposent à l'insoumission, préliminaire habituel des insurrections. Il ne respecte que la force, fût-elle accompagnée d'injustice. En présence d'une mesure sévère, émanant d'un gouvernement énergique, il courbe son front et il dit : *« Dieu le veut »* et il obéit sans arrière pensée. Mais devant un gouvernement qui emploie de faibles mesures, pour si bonnes et si justes qu'elles soient, il relève la tête et ne songe qu'à s'insurger. Accordez-lui tout ce qu'il est possible de lui accorder sous le rapport de la propriété individuelle et des institutions communales ; aidez-le à faire prospérer son agriculture, son commerce et son industrie ; mais soyez énergiques dans vos moyens de le gouverner. A cette condition là seulement, vous le soumettrez et le préparerez à recevoir les bienfaits de notre civilisation, et avec d'autant plus de raison que l'énergie n'exclut nullement la justice.

Quelque temps avant 1840, le gouverneur civil d'Alger, M. le comte Guyot, accompagné du capitaine du bureau arabe de Blidah, fut visiter la tribu des Hadjout. Le Caïd leur offrit la *Diffa* et la leur servit lui-même. Le domestique du comte, qui avait un galon à sa casquette et qu'on prenait pour un militaire, fut servi avant son maitre. On fit observer au chef arabe que le gouverneur civil méritait, par sa position, les honneurs du repas. Il répondit que les honneurs et l'obéissance n'étaient dus qu'aux militaires, c'est-à-dire aux hommes qui avaient vaincu les armes à la main, et il ajouta doucement, il est vrai, et comme parlant à lui-même : « Ces honneurs et cette obéissance disparaîtront le jour où vous cesserez d'être les plus forts. »

Les Indigènes croient à la prophétie du *Maître de*

l'heure : c'est ainsi qu'ils nomment l'homme qui doit un jour se mettre à leur tête pour chasser de leur pays tous les infidèles. Les Marabouts et tous les prêcheurs de guerre sainte exploitent cette croyance contre notre domination. Leur influence, à ce sujet, augmente quand notre gouvernement emploie des mesures de douceur, mais elle diminue et finit par disparaître lorsqu'il agit avec force et sévérité. On comprendra sans peine les conséquences à tirer de ce fait.

En 1836, étant en mission à Tunis, j'eus avec le premier ministre du Bey un long entretien sur nos possessions du nord de l'Afrique. Tout ce qu'il me dit à l'égard de la question qui nous occupe peut se réduire à ces quelques mots : « Vous avez la force et vous ne savez pas vous en
» servir pour gouverner les Arabes. La grandeur d'âme et
» tous les sentiments de haute humanité seront pris pour
» de la faiblesse et donneront lieu à de nombreuses insurrec-
» tions. Soyez justes, mais si vous voulez les dompter et
» les maintenir dans l'obéissance et le respect ne cessez de
» montrer envers eux la plus rigoureuse sévérité. »

Les diverses insurrections prédites par ce ministre, qui connaissait parfaitement le caractère de ses coreligionnaires, ont toujours été vaincues. Cela ne suffit pas. Après la victoire, nous avons commis une faute, une très grande faute, en acceptant trop facilement *l'aman*, c'est-à-dire la paix. Cette clémence serait bonne envers des peuples capables de la comprendre et de l'apprécier à sa juste valeur. Pour les indigènes, c'est une faiblesse, une preuve d'impuissance, une attestation de notre incapacité à nous maintenir, qui n'a d'autre résultat que de faire naître chez eux la pensée d'une autre insurrection. Ce levain insurrectionnel, la cause prédisposante des troubles qui surgissent de temps en temps, n'existe pas dans les tribus placées entre les grands centres militaires, parce que là est une force qui tient tout en respect. Ces tribus cultivent paisiblement leurs terres, nous vendent leurs produits et acceptent notre domination purement et simplement sans murmure, en disant : *C'était écrit*. Il est à remarquer qu'elles sont infiniment plus tranquilles et plus riches que les tribus prédisposées aux insurrections. D'où il résulte que les moyens de rigueur s'accordent ici parfaitement avec les vues des philanthropes, et tendent aussi à l'amélioration de la position des indigènes.

Il ne faudrait pas une grande force militaire pour détruire dans toute l'Algérie cette tendance aux soulèvements. On produirait le même effet par la force morale, si nous savions tenir la population arabe sous l'influence de cette force.

Toute tribu qui s'insurge devrait d'abord être vaincue par les armes et ensuite disparaître à jamais du sol africain. Les perturbateurs de la métropole sont exportés dans une de nos possessions du Nouveau Monde. Pourquoi n'agirait-on pas de même avec les perturbateurs de notre colonie? Améliorez la position des indigènes, rien de mieux ; mais, avant tout, il faut qu'ils sachent bien qu'une main vigoureuse et juste les gouverne. La paix est à ce prix, et il ne faut pas se dissimuler qu'elle est autant à leur avantage qu'au nôtre.

Cette façon de procéder sera trouvée sans doute trop rigoureuse par quelques personnes imbues de certaines idées philanthropiques ; mais qu'on ne s'y trompe pas, elle se rapprocherait bien plus, par ses résultats, des vrais principes de l'humanité que ce qu'on me permettra d'appeler la douceur dans l'action gouvernementale. Cette douceur en effet est une cause permanente de révoltes et d'insurrections, et, par suite, d'expéditions longues et pénibles, de combats sans fin. Que de maladies on aurait évité dans l'armée, que de sang versé on aurait épargné, si cette sévérité, que nous ne séparons pas de la justice, eût été mise en pratique dès le début de notre occupation et maintenue depuis sans relâchement et sans faiblesse!

Une ou deux déportations, imprimeraient dans l'esprit des Indigènes une crainte salutaire qui, en détruisant le ferment insurrectionnel, empêcherait de prêter l'oreille aux agitateurs qui parcourent de temps en temps les tribus pour prêcher la guerre sainte. Alors seulement nous arriverions à cette paix durable et à cette confiance qui sont si utiles pour faire prospérer l'agriculture, le commerce et l'industrie ; alors seulement la terre d'Afrique pourrait devenir une mine d'or inépuisable, alors seulement la métropole pourrait avoir à quarante heures de Marseille, de Toulon, de Nice, de Cette, de Port-Vendres plusieurs départements de plus qui augmenteraient de beaucoup sa richesse et sa puissance.

Importance du progrès agricole, au point de vue de la colonisation de l'Algérie.

Depuis longtemps on accuse le Gouvernement de ne pas savoir coloniser. A ce propos, on parle d'institutions libérales, de députés à envoyer au Corps législatif, de comité colonial à créer, d'impôt sur la propriété rurale à établir, d'assimilation à la France, de territoire civil, de territoire militaire, de naturalisation d'étrangers, de francisation d'ndigènes, de diminution dans l'effectif de l'armée, de prédominance de telle administration sur telle autre, de centralisation, de décentralisation et de beaucoup d'autres choses qu'il serait trop long d'énumérer.

Je n'ai à soutenir ni à combattre ces diverses mesures; je ferai observer seulement qu'on ne s'est pas assez préoccupé du point essentiel pour notre Colonie. Tous les sys-- tèmes qu'on pourra inventer, seront en effet sans valeur, s'ils n'aboutissent pas ou si on ne sait pas les faire aboutir à ce point.

Dans la direction de l'Algérie, comme en beaucoup d'autres choses, avec de la suite dans les idées et beaucoup de persévérance dans la pratique, on parvient à de bons résultats, pour si faibles que soient les moyens dont on dispose; mais s'il n'y a pas d'unité d'action, si les divers pouvoirs luttent entre eux au lieu de converger vers un but déterminé à l'avance et dont on a calculé toute la valeur pour le pays; s'il n'y a pas stabilité dans les hommes qui nous régissent; si chacune des administrations supérieures, qui se succèdent trop rapidement, apporte une nouvelle manière de voir et d'agir; si on va tantôt à droite et tantôt à gauche; si l'un détruit le lendemain ce que l'autre a fait la veille, si, enfin, il n'y a point de programme établi pour marcher vers le même jalon, on arrive bien plus lentement à ce qu'il faut atteindre, et souvent on reste en route.

La sécurité étant maintenue en Algérie, quel est donc le but à déterminer? La réponse se trouve dans ces mémorables et augustes paroles :

» Les progrès de l'agriculture doivent être un des » objets de notre constante sollicitude, car de son amélio- » ration ou de son déclin datent la prospérité ou la déca- » dence des Empires. » L'Empereur sait mieux que personne que, dans tous les temps et partout, l'agriculure a été la source la plus abondante et la plus sûre du bien-être des peuples et de la richesse des nations. Là où elle prospère, l'industrie et le commerce prospèrent aussi, tandis que tout est en souffrance dès qu'elle est négligée ou peu comprise. L'industrie et le commerce ne font que transformer ou déplacer les richesses ; l'agriculture seule en crée de nouvelles. *Elle est donc la principale base sur laquelle repose l'avenir de la colonie.*

Voilà le but vers lequel on doit tendre, le jalon qu'il faut planter haut et solidement afin qu'il ne soit jamais perdu de vue, le point essentiel de tout programme administratif; vous tournerez toujours dans un cercle vicieux si vous n'accordez pas au progrès agricole toute l'importance qu'il mérite. Dirigez vos efforts vers l'agriculture, ne négligez rien pour qu'elle soit florissante, et pendant que les fermes se multiplieront, que la propriété rurale acquerra plus de valeur, la colonisation prendra un développement considérable, une grande quantité de produits de toute nature feront prospérer l'industrie et le commerce, et alors l'Algérie pourra non-seulement se suffire à elle-même, mais encore aller augmenter la richesse et la force de la métropole. Pénétrez-vous donc bien de l'idée qu'accroître le nombre des cultures et leur puissance productive est la pierre angulaire de l'édifice colonial.

Quelle est la part qui revient aux administrateurs dans l'accomplissement de cette œuvre ? On peut la résumer dans le programme qui suit :

1º Exécuter des travaux d'assainissement dans les localités insalubres destinées à devenir des centres agricoles ;

2º Multiplier et maintenir en bon état les voies de communication, moyen d'une grande efficacité, au double point de vue de l'agriculture et de notre domination ;

3º Etablir des barrages et des canaux d'irrigation ; ne pas laisser perdre une goutte d'eau, s'il est possible, l'eau réunie à la chaleur constituant la plus considérable des puissances agricoles ;

4º Former des syndicats d'irrigation et de canaux d'assainissement ;

5º Pousser à la formation des Sociétés de crédit agricole, institution seule capable de détruire, au bénéfice des colons, l'usure et tous les maux qui en sont la conséquence ;

6º Créer des fermes-modèles dans lesquelles les colons trouveraient de bons exemples à suivre ;

7º Aider à propager les cultures propres à entrer dans un bon système d'assolement et surtout appropriées au pays.

Voilà à peu près le rôle de l'administration dans le grand acte de la colonisation algérienne ; mais les colons ont aussi le leur, qui n'est pas moins important. Nous le résumons ainsi qu'il suit :

Associer, quand on ne travaille pas soi-même son champ, le capital à la main-d'œuvre, ou affermer en établissant le bail sur des bases équitables ;

Employer une bonne partie des terres à la culture des plantes fourragères et avoir une quantité de bestiaux en rapport avec cette culture ;

Mettre en pratique l'assolement qui convient le mieux à la nature des terres et à leur situation ;

Restituer généreusement à la terre ce qu'elle perd par les produits qu'elle donne ;

Elever les animaux et cultiver les plantes qui sont le plus en harmonie avec les influences locales ;

Faire un usage suivi d'une bonne comptabilité ;

Disposer les cultures de telle manière que le personnel de la ferme soit toujours occupé sans être débordé par trop de travaux à la fois ;

Ne pas négliger, dans tout ce qui concerne l'exploitation des terres et des bestiaux, cette économie bien comprise sans laquelle échouent bien souvent les meilleurs systèmes agricoles.

La plupart de ces mesures administratives et de ces règles agricoles trouvent leur justification dans leur énoncé même. Un petit nombre seulement exigent quelques mots de commentaires.

I. — Salubrité.

La première condition pour coloniser, c'est que les travailleurs puissent se maintenir en santé. En d'autres termes, il faut que la grande famille agricole ne soit pas affaiblie ni diminuée par les fièvres.

Les colonies salubres doublent, chaque 25 ans, par le seul fait de la multiplication d'une population rurale forte, vigoureuse, et parfaitement acclimatée ; c'est ainsi que fera l'Algérie quand on aura fait disparaître, par de bons travaux d'assainissement, les fièvres paludéennes, qui sont l'effroi du colon et qui grèvent le budget de sommes considérables.

Dans une des dernières sessions du Conseil général de la province d'Alger, on porta une dépense de près d'un million pour l'assistance publique, sur un budget de deux millions et quelques cent mille francs. Cette énorme dépense annuelle est occasionnée, en grande partie, par l'insalubrité de la plaine de la Mitidja. Plusieurs localités de cette plaine ont été déjà assainies par le service des ponts et chaussées. Quelles sont les dépenses qui restent à faire, pour compléter son assainissement? Des renseignements puisés aux sources les plus sûres, permettent de dire qu'elles n'arriveraient pas à un million ; ce qui est à peu près la somme dépensée pour une année d'assistance publique. C'est bien ici le cas de répéter qu'il est beaucoup plus avantageux et beaucoup plus économique de prévenir les maladies que de chercher à les guérir. Achevez cet assainissement, faites des chemins vicinaux en quantité suffisante, aménagez les eaux des marais qui sont formés par des sources permanentes, resserrez ces eaux dans des canaux d'écoulement, tels que ceux qui, à l'époque où la Mitidja était un immense jardin, servaient à les conduire sur des terrains dont elles faisaient la fertilité ou l'ornement ; alors seulement une nombreuse population agricole viendra se fixer et prospérer dans cette immense plaine qui s'étend jusqu'aux portes d'Alger.

Au point de vue de la colonisation, comme au point de vue de la défense du pays, il eût mieux valu peupler les terres fertiles placées autour des grands centres de population, comme la Mitidja, par exemple, que de disséminer les colons dans les contrées éloignées. Dans ces dernières, ils achètent cher ce qui leur est nécessaire et ils vendent bon marché ce qu'ils produisent. Ce sont là de très mauvaises conditions de prospérité. La colonisation aurait dû s'étendre peu à peu et ne faire un pas en avant que lorsqu'elle aurait été sûre d'avoir pour elle la salubrité, les routes et tout ce qui est le plus capable de la faire réussir. L'administration aurait beaucoup moins dépensé et le pays serait dans une bien meilleure position.

II. — Formation de Sociétés de Crédit agricole.

L'homme, la terre et l'argent forment les trois termes du problème de la production agricole. Un cultivateur ne pourra faire produire que très peu de chose à des terres fertiles, s'il ne possède pas un capital suffisant pour les mettre convenablement en culture. C'est là une vérité si évidente que tous ceux qui n'ont que peu ou point de capital s'efforcent d'en emprunter pour donner plus d'activité à leurs moyens d'exploitation. Beaucoup de colons de l'Algérie sont dans ce cas ; mais à quelles conditions obtiennent-ils de l'argent ? La colonie manquant de Sociétés de Crédit agricole, ils sont obligés de s'adresser à certains capitalistes qui font payer leur concours de la manière la plus ruineuse (20 à 50 pour cent et quelquefois plus.) Est-il possible à un agriculteur de se soutenir avec de semblables charges ? Il ne travaille toute l'année que pour son bailleur de fonds qui finit par absorber bestiaux, instruments et propriété. Avec de gros intérêts, les exploitations agricoles périclitent et tombent, et ces chûtes portent un grand préjudice à la colonisation.

Le meilleur moyen à opposer à cette sorte d'usure, serait de créer des Sociétés de crédit agricole traitant à 5 0/0 l'an et à longs termes. Cette question est jugée de même partout où l'agriculture est appréciée à sa juste valeur ; c'est aussi de cette manière que l'a jugée l'Empereur quand il a dit dans sa lettre du 5 janvier 1860 : « Il » faut faire participer l'agriculture aux institutions de crédit. »

Pourquoi les colons, qui offrent le degré voulu d'honorabilité et de solvabilité, ne sont-ils pas admis à la Banque de l'Algérie ? On répond, comme dans la métropole, toutes les fois qu'il est question du crédit agricole :

» L'agriculture n'est pas susceptible de se développer par le crédit. Ses produits ne sont pas assez cousidérables pour qu'on y trouve la part du prêteur et celle de l'emprunteur, la terre ne pouvant pas emprunter, à 5, lorsqu'elle ne rapporte que 3 environ. »

Cette manière de raisonner est applicable au propriétaire non-agriculteur ; mais le colon qui connaît son métier et qui possède un capital suffisant d'exploitation fait rapporter à ses terres plus de 3 pour cent. Ce capital joue le principal rôle dans l'augmentation des produits et des bénéfices. Une preuve à l'appui sur mille : Je suppose une ferme de 80 hectares, grevée d'une hypothèque de 10,000 fr. et sans capitaux pour la faire valoir ; règle générale, cette ferme ne rapporte pas assez pour payer les intérêts de la somme due et pour nourrir son propriétaire. Le manque de fonds pour bien exploiter est la cause de ce peu de rapport. Si ce propriétaire a le bon esprit de vendre une partie de sa ferme, il paie ses dettes et il lui reste de quoi l'exploiter avantageusement ; alors il devient plus riche qu'auparavant, car ses revenus ont augmenté.

Si ce même propriétaire persiste dans sa première position, la dette augmentant un peu chaque année, l'expropriation survient tôt ou tard. Après l'expropriation, il arrive souvent que cet agriculteur devient fermier de son ancienne propriété ; et si après les dettes et les frais payés, il a assez d'argent pour cultiver dans de bonnes conditions, presque toujours il refait sa fortune.

Ces faits démontrent suffisamment combien le capital d'exploitation est nécessaire en agriculture et combien on est dans l'erreur quand on dit que cette industrie n'est pas susceptible de se développer par le crédit. En Algérie, une ferme bien dirigée et pourvue de tout ce qui lui est nécessaire rapporte 10 pour cent environ.

N'est-ce pas assez pour la garantie du prêteur comme pour la prospérité de l'emprunteur ?

Notre colonie a une quarantaine de millions d'hectares de terre, et sa population ne dépasse guère le chiffre de trois millions, y compris les Européens. Il y a donc beaucoup de terres inoccupées. Rendez-les libres, livrez-les à la colonisation, assainissez, faites des routes, et les bras ne manqueront pas si vous les aidez à se procurer le troisième élément du problème agricole, le capital. Prêtez donc votre concours à la création d'une Banque agricole, comme vous l'avez prêté à la création de la Banque industrielle et commerciale.

Les produits du colon sont achetés par le commerce qui en envoie une grande partie au loin ; l'industrie les transforme en pain, étoffes de soie, étoffes de coton, tabac à fumer, tabac à priser, etc., etc.; ce déplacement et cette transformation se font au moyen du crédit. C'est une faute, une très grande faute de ne pas en accorder aussi au colon qui est le créateur de toutes ces richesses ; on les doublerait, on les triplerait en augmentant ses moyens d'exploitation, et tout le monde y trouverait son compte, avec un certain bénéfice.

III. — Création de fermes-modèles.

Nous manquons de fermes-modèles en Algérie. Il y a des concours agricoles de toute nature ; mais en étudiant ces concours, on est bientôt convaincu qu'ils enseignent bien peu de chose au point de vue de l'économie rurale, principale base sur laquelle repose la prospérité d'une exploitation. On prime tels ou tels produits sans se rendre compte s'ils ont donné des profits ou des pertes. Les colons qui obtiennent ces prix n'ont souvent pour résultat qu'une satisfaction d'amour-propre qui leur coûte assez cher. On ne peut donc pas indiquer leurs fermes comme des modèles à imiter ; car la meilleure agriculture à introduire dans chaque localité est celle qui rapporte le plus.

Les véritables fermes-modèles, c'est-à-dire celles où les colons trouveraient de bons exemples à suivre pour faire beaucoup d'argent avec l'agriculture, seraient très utiles partout , et principalement dans une colonie agricole qui débute , ou qui a commencé depuis peu de temps. Jusqu'à présent, on a reculé devant la création de ces fermes en Algérie, par la seule raison qu'on a cru qu'elles seraient une école d'expérimentation dont l'Etat supporterait tous les frais d'organisation et d'entretien. Mais on pourrait adopter le système proposé par M. le docteur Cany, de Toulouse, consistant à désigner comme fermes-modèles, et par voie d'un concours sérieux, celles des exploitations existantes et en pleine production qui répondraient le mieux aux besoins de la contrée où elles seraient placées. Ce n'est pas ici le lieu de développer ce système et d'en faire ressortir toute l'importance ; je me bornerai à dire qu'il se recommande par son bon sens pratique, et surtout par l'économie qui en résulterait pour le gouvernement.

IV. — Culture des plantes et élève des animaux le plus en harmonie avec les influences locales.

Le comte de Gasparin a dit depuis longtemps que la même nature de terre ne donne pas partout les mêmes produits. Celle qui, en Norwége, produit quelques sapins, porte d'abondantes récoltes de blé en Allemagne, se couvre de riches vignobles en France, et, sous le tropique, devient le siége de ces belles cultures qui fournissent le sucre et les épices. Qu'a-t-il fallu pour amener des effets si différents ? Des modifications dans la chaleur, la lumière, l'humidité, qui tiennent elles-mêmes à d'innombrables dissemblances dans les latitudes, dans la situation respective des terres et des mers, la direction des vents, etc.

Il y a donc dans chaque contrée une puissance naturelle qui favorise telle culture plutôt que telle autre ; elle se fait sentir aussi sur les animaux. Comment en serait-il autrement quand l'homme lui-même, qui a vaincu tant de difficultés, n'a pas eu le pouvoir de s'y soustraire ? Cette puissance agit plus ou moins, selon qu'on se rapproche ou qu'on s'éloigne de l'état de nature. On la nomme influence des modificateurs naturels de l'organisme, au milieu desquels naissent et vivent l'homme, les animaux et les plantes.

Les lois de cette influence sont persistantes, et donnent lieu aujourd'hui à peu près aux mêmes phénomènes que dans les temps les plus reculés. Le cheval de nos possessions du nord de l'Afrique est encore l'ancien coursier Numide dont il est tant parlé dans les auteurs de l'époque romaine ; la vigne plantée dans les Gaules produit ses fruits partout où l'histoire signale d'anciennes récoltes de vin ; l'olivier, apporté en Provence par les Phocéens, n'a pas cessé d'y vivre et n'a pas dépassé ses anciennes limites ; le palmier, donnant de bonnes dattes, n'a pas quitté les Hauts plateaux et le Sahara.

Les diverses races d'animaux domestiques ont une même origine, et pourtant quelles différences, dans la taille, dans le développement, dans les formes extérieures, dans la puissance nerveuse qui les anime, et pour la production desquelles l'influence des milieux a agi d'une manière bien plus active qu'on ne semble généralement le croire.

En Algérie, à mesure qu'on avance dans le Sud, on trouve un sol moins fertile, une chaleur plus grande, un air plus sec, des herbes moins abondantes, mais plus fines et plus aromatiques. Cette progression se fait sentir d'une manière très sensible sur les animaux. Nos chevaux, nos bœufs et nos dromadaires les plus volumineux sont fournis par les plaines du Tell situées près du littoral. Si nous allons vers le Sahara, nous voyons diminuer ce volume des animaux et augmenter leur énergie et leur résistance à la fatigue.

Remarquez bien que lorsqu'on transporte les animaux du Tell dans le Sahara et réciproquement, à chaque génération, il y a un rapprochement vers le type de la localité où ils naissent et où ils vivent.

Après la terrible épizootie de 1769 à 1771, qui enleva presque tout le bétail de la Frise, on prit dans le Jutland des bêtes qui n'étaient comparativement que des nains, qui auraient passé presque sous le ventre des bêtes de l'ancienne race ; et sans aucun croisement, au bout de quelques générations, elles en avaient atteint l'énorme taille.

Il y a une vingtaine d'années, M. Belly, officier comptable du magasin à fourrages de Bab-Azoun, fit venir de la Suisse quelques vaches et un taureau de la grande race laitière. Pendant tout le temps que ces animaux restèrent dans ce magasin, ils furent alimentés à discrétion. Malgré cette abondante nourriture, il y eut, à chaque nouvelle génération, une tendance à s'éloigner du type primitif pour se rapprocher de celui de la localité où on les avait implantés. Ce changement s'effectua avec une grande rapidité, lorsque ces bêtes bovines exotiques quittèrent leurs bonnes étables de Bab-Azoun pour aller pâturer dans le Sahel et dans la Mitidja. Aujourd'hui l'influence locale leur a imprimé son cachet définitif. Elles n'ont conservé du type primitif qu'une certaine nuance de la robe.

Si cette influence des milieux exerce partout sa puissance, c'est qu'il existe une corrélation intime entre les êtres organisés et tout ce qui concourt à leur formation et à leur développement. En étudiant avec soin l'état géologique d'une contrée, sa végétation, ses modificateurs naturels, le degré de perfection de son agriculture, on parvient à déterminer les races animales et les plantes qui doivent plus avantageusement y être élevées et cultivées. Personne n'ignore que l'Algérie manque de ce que l'on trouve dans les contrées d'Europe qui produisent les races animales volumineuses. Il y a ici une température élevée, beaucoup de lumière, des étés secs, des pâturages abondants au printemps seulement, tandis que dans ces contrées d'Europe, la régularité des pluies, le peu d'intervalle qui les sépare, l'obscurcissement du ciel par les nuages, le peu d'élévation de la température, donnent au sol et à l'atmosphère une humidité propice à l'ampleur des animaux, soit par son action directe sur les organes, soit indirectement par les pâturages qu'elle fait naître. Ces deux influences locales produisent des effets diamétralement opposés. On voit, d'après cela, combien il serait peu judicieux d'introduire dans notre colonie des races animales volumineuses, surtout pour le travail ou la boucherie. Ne pouvant pas amener, avec ces races, les modificateurs naturels sous l'influence desquels elles se sont formées, on sera en opposition constante avec la nature, opposition qui occasionnera de grandes dépenses et finira tôt ou tard par avoir le dessus. Il est vrai que ces éleveurs auront du brillant, qu'ils seront cités par ceux qui ne voient les choses qu'à la surface, qu'ils obtiendront même des couronnes dans les concours où l'on ne compare pas les prix de revient à la valeur de l'animal ; mais pour les vrais agronomes, ils seront beaucoup moins dans la voie du progrès agricole, que ceux qui prennent en sérieuse considération les influences locales. Les premiers auront pour résultat des pertes, et les autres recueilleront des bénéfices. Agissez donc dans le sens de la nature, afin qu'elle soit pour vous dans vos opérations agricoles. De cette manière vous aurez le concours inépuisable d'une grande puissance, et qui ne coûte que la peine de l'apprécier à sa juste valeur ; dans le cas contraire, vous trouverez une opposition constante qui en augmentant vos dépenses diminuera vos produits.

Que d'erreurs commises en agriculture faute de suivre cette grande loi de l'influence des milieux. En cherchant à faire partout les mêmes produits par les mêmes moyens, on fausse l'ordre de la nature et on ne songe pas qu'une lutte perpétuelle contre sa force est trop inégale, et qu'elle ne peut durer que par des sacrifices d'argent. On sait que le dattier de l'Algérie ne donne de bons fruits que dans certaines contrées du Sahara, que l'olivier ne prospère que dans telle région, que le cheval percheron ne se produit bien que dans le Perche, que le baudet du Poitou ne se fabrique bien que dans quelques parties de cette contrée, que le pruneau d'Agen n'a toute sa valeur que dans un rayon limité du Lot-et-

Garonne, que partout enfin la culture de telle plante et l'élevage de tel animal demandent, pour obtenir une rémunération suffisante, des conditions inhérentes au sol et à tout ce qui l'environne ; personne n'ignore tout cela sans doute, et cependant on méconnaît, tous les jours, dans l'application, les principes qui sont les conséquences de ces faits.

Il y a trois ans, quelques étalons de la race chevaline de trait furent amenés de la métropole et placés en dépôt chez les colons. Cette mesure, contre laquelle je me suis toujours opposé, a échoué, comme échoueront toutes celles du même genre. Laissez donc sa spécialité à l'Algérie qui est la terre classique du bon cheval de cavalerie légère.

Les personnes qui ont poussé à l'introduction de ces étalons, avaient pensé, sans doute, que manquant de chevaux de trait, il fallait les faire naître sur place pour ne pas être tributaire de la métropole ; mais il n'y a pas de tribut entre les nations, et à plus forte raison entre l'Algérie et les départements Français ; il n'y a que des échanges, et les échanges sont d'une utilité générale. Le Pays tributaire des autres serait celui dont la valeur des exportations serait inférieure à celle des importations.

L'Angleterre et la Belgique qui sont parvenues à de si beaux résultats en agriculture, n'ont jamais songé à produire du coton, de la soie, de l'huile d'olive. Si elles essayaient ces cultures, elles éprouveraient les mêmes déceptions qu'aurait l'Algérie si elle avait la folie de se livrer à l'élevage du Durham et du gros cheval belge, si elle cultivait le dattier dans les plaines du Tell où naissent nos plus beaux bœufs indigènes, et si elle cherchait à produire ces derniers animaux dans les contrées du Sahara d'où nous viennent les meilleures dattes.

Chaque région a sa spécialité ; ce n'est qu'en s'y maintenant qu'elle peut prospérer, et que les peuples pourront obtenir chaque produit à bon marché. C'est faute de ne pas suivre cette sage maxime, c'est pour vouloir produire de tout, hors des conditions assignées par la nature, que l'on fait naître le besoin de protections qui ne sont, le plus souvent, qu'une prime accordée à de fausses spéculations, que des encouragements à mal faire et à fausser l'ordre de la nature.

Après comme avant la conquête de l'Algérie, l'Arabe s'est toujours borné à l'élevage de la race bovine indigène. Jamais il n'a été séduit par l'ampleur et la taille de cartaines races exotiques ni par leurs croisements. Les Européens ont-ils bien fait de ne pas agir de la sorte en ce qui concerne les bêtes de travail ou de boucherie ? Je ne le pense pas.

Plusieurs colons ont introduit ici quelques races volumineuses et les ont croisées entr'elles ou avec les bêtes indigènes. Ces importations et ces croisements n'ont pas valu, au point de vue du travail ou de la boucherie, les bœufs du pays bien choisis et placés dans de bonnes conditions d'abri et de nourriture. La taille et l'ampleur des animaux étant la résultante des modificateurs qui les entourent et de l'alimentation qu'on leur donne, il n'est pas rationnel de vouloir augmenter leur volume par le seul fait des importations et des croisements.

Nos bœufs indigènes sont rustiques, agiles, d'un facile entretien, d'une grande résistance à la fatigue et d'une force remarquable, comparativement à leur taille. Ils possèdent les conditions physiologiques les plus importantes à une digestion active et à une ample respiration. Que leur manque-t-il donc pour en faire des animaux précieux pour le travail ou la boucherie? une meilleure alimentation et des appareillements plus judicieux.

Malheureusement, ces deux moyens améliorateurs n'ont pas encore été mis en pratique ; les colons Européens ne sont pas éleveurs. Ils achètent des bêtes maigres, les engraissent plus ou moins bien et les vendent ensuite pour le travail ou la boucherie. Ils ne font rien pour le perfectionnement de la race qui nous occupe. Quand on voudra arriver à un résultat sérieux, il faudra agir à la source, c'est-à-dire sur le mâle et sur la femelle, avant, pendant et après la gestation, et sur leurs produits pendant leur jeune âge; c'est alors qu'une bonne et abondante alimentation produit ses meilleurs effets.

Les importations et les croisements ont ruiné plusieurs races bovines de la métropole. Améliorées par la nourriture et la sélection, elles auraient été plus profitables aux localités sous l'influence desquelles elles s'étaient formées que les nouvelles races qui les ont remplacées. Gardons-nous bien, en Algérie, de tomber dans la même erreur.

En général, la vache indigène est mauvaise laitière ; la stabulation, la nourriture, de bons accouplements, l'hygiène, la transformeront sans doute ; mais d'ici là, pour la fourniture du lait autour des grands centres de population, on peut importer quelques races laitières en rapport avec notre climat, ou mieux encore, croiser la vache indigène avec les taureaux de ces races exotiques. Pour ce croisement, on choisira les vaches qui réunissent les meilleures conditions comme laitières, en prenant toujours l'étalon de pure race, ne conservant que les métis femelles, et on arrivera à une sous-race qui sera en harmonie avec les besoins spéciaux à satisfaire ; mais pour le travail ou la boucherie, améliorons notre race bovine par elle-même, c'est-à-dire par l'alimentation, par de bons reproducteurs, par les abris, par les soins, etc. Déja, telle qu'elle est, quand elle est bien choisie et bien entretenue, elle est supérieure aux races importées et à leur métis ; elle a plus de rusticité, plus de résistance à la fatigue, plus de sobriété, plus de force d'assimilation, etc. Toutes choses égales d'ailleurs, une ferme exploitée par des bœufs indigènes donne plus de bénéfices que celle qui est exploitée par des bœufs exotiques ou par les produits de leurs croisements.

Quelques colons achètent aux Arabes des bêtes bovines maigres pendant les mois de juillet, août et septembre ; ces bêtes ne mangent que ce qu'elles trouvent dans les pâturages, et elles sont livrées à la boucherie dans les mois de janvier, février et mars. En ne comptant pour rien les plantes paturées, ils gagnent ordinairement de 15 à 20 pour cent, plus les fumiers. Une pareille spéculation n'est pas possible avec des bêtes exotiques ou croisées. Qu'on veuille bien en être convaincu, le progrès agricole de l'Algérie n'est pas dans l'importation des bêtes bovines destinées au travail ou à la boucherie.

V. Culture des plantes fourragères, et production de bestiaux en rapport avec cette culture.

L'expérience de tous les siècles démontre que partout les produits agricoles sont proportionnels à la quantité d'engrais, par conséquent à l'étendue des champs consacrés à nourrir du bétail, comparée à celle des champs employés aux cultures épuisantes. Dans une ferme, il faut donc une quantité relative d'animaux et de végétaux agissant continuellement les uns sur les autres, afin que la terre reçoive en engrais ce qu'elle perd par le produit qu'elle donne.

La terre n'est pas inépuisable. Pour si fertile qu'elle soit, elle ne résiste pas, sans fumier, à l'action prolongée de certaines cultures. Si vous n'avez pas assez de bestiaux et de plantes fourragères, si vous continuez à ne pas suivre les lois de l'alternance, qui consiste à faire succéder une plante améliorante à une plante épuisante, vos champs vous donneront à peine du pain. Ils produiront, au contraire en abondance, si vous entretenez une grande quantité de bestiaux et si vons faites entrer largement les fourrages dans votre assolement. Le bétail est donc le point essentiel de la production agricole.

Ne pas avoir assez de fumier et faire blé sur blé, c'est ainsi que s'appauvrissent propriétaires et propriétés.

Avoir un bon système d'affourragement et assez de bestiaux, bien soigner les engrais et observer les lois de la restitution, c'est remplir sa bourse en améliorant le sol. Ces vérités, aujourdhui de notoriété publique, n'ont plus à être démontrées. De tout temps, elles ont été confirmées par les faits.

Un des exemples les plus frappants qu'on puisse citer à cet égard est celui que nous fournit l'Italie ancienne. Tant qu'on eut dans ce pays de 100 à 125 têtes de gros bétail par 100 hectares, on récolta de 15 à 20 semences de blé pour une : le rendement tomba à 3 ou 4 pour 1 quand on n'eut plus que 10 à 12 ou 15 têtes de gros bétail pour 100 hectares.

Certains colons comprennent parfaitement l'importance du bétail en agriculture ; mais ils disent que pour en avoir une quantité suffisante, un grand capital est indispensable. Cela est vrai quand on se livre à l'engraissement, industrie fructueuse lorsqu'on est dans de bonnes conditions à cet égard ; mais avec peu d'argent, du temps et de la persistance, on peut arriver aussi à posséder le nombre d'animaux domestiques que doit avoir une ferme bien dirigée.

En 1846, le colon Petch, de la commune de Bouffarick, reçut de la préfecture une pauvre petite vache indigène qui a été la source, par ses produits, d'une bonne aisance. En quelques années, il est sorti de cette vache et de ses produits directs et indirects 125 animaux, qui ont été vendus au fur et à mesure des besoins du propriétaire.

L'histoire de Petch doit servir d'enseignement. Sans ressources au début, il arriva en peu de temps, par l'élevage des bêtes bovines, et en commençant par une seule vache, à un capital vivant qui lui a suffi à exploiter sa ferme. Chaque colon peut donc créer lui-même ce capital d'exploitation sans avoir de grandes ressources. Il faut peu d'argent pour faire des fourrages, avec des fourrages on fait du bétail, avec le bétail du fumier, et avec du fumier on fait tout. Il est vrai que le moyen employé par Petch demande du temps, mais on peut débuter avec plus d'une vache, et, en outre, on ne doit pas se dissimuler que le progrès agricole ne s'introduit nulle part au pas de course. Partout il est l'œuvre du temps, de l'ordre, de l'économie bien comprise, des pratiques judicieuses, de la persévérance, de l'esprit de suite et d'observation, de la juste appréciation de tout ce qui se rattache à la nature des terres, à leur assolement, aux lois de la restitution, aux influences climatériques, etc.

VI. Mode d'exploitation.

L'agriculture a été toujours considérée, avec raison, comme le meilleur moyen de consolider notre domination et de faire prospérer le pays. Après la conquête, quelques colons s'installèrent dans le Sahel et dans la Mitidja. Ces hardis pionniers quittèrent souvent la charrue pour faire le coup de fusil. Honneur à ces hommes énergiques qui tracèrent ici le premier sillon de la colonisation européenne. La guerre avec les tribus, le manque de véritables travailleurs de terre, l'air délétère des matières animales et végétales mises à découvert par la pioche ou par la charrue, amenèrent chez eux des perturbations sans amoindrir leur force morale ; ils continuèrent leur œuvre sans regarder en arrière ; c'est ainsi qu'ils fondèrent plusieurs centres agricoles. Encore une fois, rendons hommage à leur courage et à leur dévouement.

Leur principale récolte fut d'abord le foin qu'ils vendaient à l'administration de la guerre. Plus tard la paix étant établie, la salubrité meilleure, la législation douanière plus favorable aux céréales, et le ministère

des finances payant le tabac à un bon prix, ils firent
du blé, de l'orge, de l'avoine et du tabac. Puis arri-
vèrent l'élevage et le commerce des bestiaux, la culture
du coton, de la vigne, du lin, etc.

Dans une colonie naissante, toutes les questions qui
se rattachent à l'agriculture ont leur temps d'études et
d'observations. Cette époque de transition doit cesser
dès que les faits sont assez nombreux et assez bien
étudiés pour établir les règles à suivre. Le moment est
venu d'établir ces règles pour le mode d'exploitation
rurale.

Jusqu'à présent, on a mis en pratique le faire valoir
direct, le simple fermage et le fermage partiaire. Je
crois être le premier à avoir fait usage en Algérie de
l'association du capital à la main d'œuvre.

Le faire valoir direct occasionne de grandes dépenses
comparativement aux recettes. Du mois de septembre
à la fin d'avril, on paie les journées de Kabyles de
1 francs 25 à 1 franc 50, et 2 francs à 2 francs 50
pendant les mois de mai, juin, juillet et août. Les
journées de faucheurs européens sont payées de 5 à 6
francs, plus la nourriture. Les domestiques à gages sont
nourris et logés, et ils reçoivent de 25 à 35 francs
par mois.

En général tout ce personnel se préoccupe fort peu
de la prospérité de l'exploitation. Pourvu qu'il soit payé
régulièrement et que sa nourriture soit bonne et abondante, peu lui importe le reste. Il travaille parce qu'il
est obligé de travailler, mais il travaille le moins possible. Dans tout ce qui concerne les travaux des champs,
l'hygiène et la conduite des animaux, les soins à donner
aux fourrages, aux fumiers, aux instruments, en un mot,
dans tout ce qu'il fait il n'apporte pas cette sollicitude
indispensable à la prospérité de la ferme ; mais lorsqu'il est intéressé à cette prospérité, sa manière d'agir
change entièrement : le travail de tous les instants, les

soins à donner aux cultures, aux animaux, aux instruments, aux fourrages, aux fumiers ; l'élevage des
bestiaux, leur force musculaire, leur aptitude à transformer les matières alibiles en viande, lait, engrais pour
la terre ; enfin, depuis les choses de premier ordre jusqu'au brin d'herbe ou de fumier qu'il trouve çà et là,
rien n'est négligé, rien n'est perdu, tout converge vers
un centre commun qui est la production.

C'est principalement par cette sollicitude, par cette
économie et par ce bon vouloir des travailleurs que la
plupart des fermes prospèrent ; c'est principalement aussi
par le manque de ces qualités qu'elles périclitent, et
il en est de même dans toutes les industries.

Toutes ces qualités de l'agriculteur ne se rencontrent
guère que chez le propriétaire qui travaille lui-même
son champ, ou dans l'association du capital à la main
d'œuvre ; et encore faut-il que cette association soit
établie sur de bonnes bases et d'un avantage égal pour
les deux parties contractantes ; si l'une d'elles cherche
à bénéficier au détriment de l'autre, si la confiance
disparaît pour faire place à de mauvaises passions, le
but de l'association est manqué, et tous y perdent ;
si, au contraire, la balance ne penche pour personne,
si chacun cherche à être utile, le propriétaire par sa
sollicitude pour l'ouvrier, celui-ci par sa conduite, par
sa probité, par son amour du travail, il en résulte une
confiance réciproque qui contribue puissamment au bénéfice de tous.

Depuis longtemps, on se plaint dans la métropole
que les cultivateurs désertent la campagne pour travailler ailleurs ; l'association du capital à la main-d'œuvre
est la mesure qui réunit les meilleures conditions pour
les y retenir. Il est à remarquer que tout le monde,
y compris le gouvernement, gagnerait à cette mesure :
le propriétaire par de plus grands revenus, le cultivateur par une plus équitable remunération de son tra-

vail, le gouvernement par une augmentation dans ses recettes.

La question des fermages, qui est d'une importance si grande pour le progrès agricole, est très mal comprise en Algérie. Avec les baux à courte durée, il est impossible au fermier de combiner des assolements et de faire des améliorations dont la nature du fermage ne lui permet pas de jouir. La propriété elle-même n'a rien à y gagner. Le fermier, au lieu d'améliorer le sol, le fatigue, l'épuise en lui faisant rendre les récoltes les plus actuellement productives, parce qu'il n'est pas assuré de l'exploiter longtemps. Pour le propriétaire comme pour le fermier, le bail à long terme est indispensable : les pays bien cultivés ont des baux à long terme ; les pays mal cultivés, au contraire, n'en ont qu'à courte échéance.

Le fermage partiaire, tel qu'il se pratique ici, est bien une association entre le propriétaire et le fermier, mais cette association se fait dans de mauvaises conditions pour les deux parties.

Le bail est de courte durée ; le propriétaire livre sa terre mal préparée, mal assolée, et souvent dans de mauvaises conditions pour le logement des travailleurs et des bestiaux.

Le fermier n'a pas un capital suffisant d'exploitation ; le bail n'étant pas à longue échéance, le fermier ne s'attache pas au sol, il fait blé sur blé, tabac sur tabac, etc.

Il vend ses pailles, il néglige la culture des plantes fourragères et il n'a pas assez de bestiaux.

En agissant de la sorte, il ruine la terre, donne peu de chose au propriétaire et fait de mauvaises affaires.

Le simple fermage est à peu près dans les mêmes conditions, et il a pour le propriétaire et pour le colon à peu près les mêmes résultats.

Les hommes qui n'ont pas une juste appréciation des choses agricoles, mettent ces insuccès sur le compte du climat et de la nature des terres. Ils ne voient pas que le mode d'exploitation est la principale cause des mécomptes qui existent de part et d'autre. Il est donc nécessaire de modifier les conditions des baux à ferme; voici les modifications les plus importantes à introduire :

1º Le propriétaire fera en sorte que le fermier ait des bénéfices suffisants, mais en améliorant le sol;

Il ne pensera à augmenter le prix du bail ou la part qui lui revient dans l'association, que lorsque la ferme sera d'un bon rapport et en bon état d'assolement et de fertilité ;

2º Le bail à ferme sera à long terme ;

3º L'habitation devra être salubre, commode et assez vaste ;

4º Le fermier fera une bonne part à la culture des plantes fourragères. La nature des terres, leur rapprochement ou leur éloignement des grands centres de population, pourront diminuer ou augmenter l'étendue de cette culture, mais elle ne devra pas être moindre d'un tiers de la propriété ;

5º Le fermier aura une quantité de bestiaux en rapport avec la quantité de ses plantes fourragères. Il prendra les animaux parmi les races en harmonie avec les influences locales ;

6º Le fermier, dans l'assolement qu'il mettra en pratique, observera au moins les lois de l'alternance, c'est-à-dire qu'il ne fera jamais blé sur blé, tabac sur tabac, luzerne sur luzerne, etc.;

7º Les terrains aptes à la culture des plantes fourragères, passeront à tour de rôle par cette culture;

8º Le fermier ne pourra vendre ni foin, ni paille, ni herbe, ni racines, ni pâturages, ni fumier, tout cela devant être consommé dans la ferme et rentrer dans la terre comme engrais.

En agissant de la sorte, on peut faire rapporter beaucoup dans le présent sans compromettre les ressources de l'avenir, et le fermier sortant laisse une quantité suffisante de prairies et la terre en bon état d'assolement.

J'ai fait connaître plus haut l'influence du capital d'exploitation, je ne reviendrai pas sur ce sujet ; je ferai observer seulement que les travailleurs agricoles en arrivant ici, sont trop préoccupés de l'idée de devenir propriétaires. Cette noble ambition pouvait avoir sa raison d'être à l'époque où le Gouvernement distribuait les terres par le système des concessions ; mais aujourd'hui, pour ceux qui ont peu ou point de fonds, il est bien préférable d'associer leur main-d'œuvre au capital, et, pour ceux qui ont des capitaux en quantité suffisante pour faire aller une ferme, il est plus rationnel et plus sage d'affermer.

Si certains agriculteurs de la métropole connaissaient les bénéfices qu'on peut retirer des fermages et de la culture des terres en Algérie, quand tout se fait dans de bonnes conditions d'exploitation, ils n'hésiteraient pas un instant à venir ici pour augmenter leur fortune.

Dans la commune de la Rassauta, j'ai une ferme exploitée par l'association du capital à la main-d'œuvre. Elle produit du blé, de l'avoine, du maïs, des fourrages, des légumes, des bestiaux, etc. Ces produits ne se font pas mieux là qu'ailleurs, et cependant elle prospère beaucoup. Sa valeur est de trente à trente-cinq mille francs, j'en retire environ quatre mille par an, et mes associés y ont gagné une petite fortune qui va chaque année en augmentant.

Il est certain que je n'aurais pas aussi bien réussi par le faire valoir direct, et que les travailleurs seraient bien loin de leur bonne position sans l'association du capital à la main-d'œuvre.

Ne croyez pas que ma réussite soit un tour de force. Tout le monde peut en faire autant. J'ai pris mes associés dans mon pays; notre acte d'association a eu, en quelque sorte, tout le village pour témoin (c'est un engagement moral d'une grande valeur). La main-d'œuvre est à leurs frais, moi je fournis la terre et je fais réparer l'habitation. Tout le reste, dépenses, recettes, bestiaux, instruments, semences, etc., est de moitié : je leur ai payé le voyage, et leur ai avancé, sans intérêt, tout l'argent nécessaire à leur entretien et à leur part pour l'exploitation de la ferme.

Ces avances, dans lesquelles je rentrais, le plus possible, à la récolte, ont été bientôt payées et n'ont pas dépassé la somme de 4,300 francs; l'association n'était que pour neuf ans, mais mes associés ont toujours eu la conviction pleine et entière qu'ils pourraient rester sur la propriété toute leur vie et même être remplacés par leurs enfants; j'ai eu pour eux toute la sollicitude d'un père de famille, et jamais entre nous n'a surgi la moindre difficulté.

Notre réussite est connue dans notre pays ; aussi, lorsque j'y retourne, on vient me voir pour solliciter la faveur d'être colon de l'Algérie. Il n'en serait point ainsi, assurément, si les premiers travailleurs avaient échoué !

Ce fait n'a pas besoin de commentaires. Il indique suffisamment le rôle que peut jouer, dans une ferme bien dirigée, l'association du capital à la main-d'œuvre.

Inutile de faire ressortir par des chiffres ce que serait notre colonie si toutes les exploitations agricoles avaient les résultats que j'ai obtenus.

Inutile aussi de répéter aux colons ce qu'ils ont à faire pour parvenir à ces résultats.

En dehors de la direction de ma ferme, quelles sont les principales causes de sa prospérité ?

1° *Salubrité pour les travailleurs*. — Rendez donc salubres les localités données ou à donner aux centres agricoles.

2° *Bonne route pour y parvenir*. — Multipliez donc les voies de communication et entretenez-les en bon état.

3° *Capital suffisant d'exploitation sans avoir recours aux emprunts usuraires*. — Contribuez donc à la création des sociétés de crédit agricole, comme vous avez contribué à la formation de la banque industrielle et commerciale.

4° *Mise en pratique de bonnes règles d'économie rurale*. — Ouvrez donc des concours agricoles pour arriver aux fermes-modèles économiques, dont il est parlé ci-dessus, et dans lesquelles les colons trouveraient de bons exemples à suivre, non pas pour faire de l'agriculture avec beaucoup d'argent, mais pour faire beaucoup d'argent avec l'agriculture.

Les fonds nécessaires pour suivre ces conseils seront sans doute un obstacle, mais vous le surmonterez si vous vous pénétrez bien de l'idée que le progrès agricole est la base essentielle sur laquelle repose l'avenir de la colonie, et que ce progrès doit, par conséquent, marcher en première ligne dans la direction des affaires civiles et militaires.

Napoléon 1er a dit :

« *L'agriculture* est l'âme, la base première de l'Em-
» pire. ;

« *L'industrie*, l'aisance, le bonheur de la popula-
» tion ;

« *Le commerce extérieur*, la surabondance, le bon emploi des deux autres. »

Cette classification, établie par le plus grand génie des temps modernes, entre ces objets si distincts et d'une graduation si réelle et si grande, doit être la règle de la protection à laquelle ils ont droit.

Venise, la citée industrielle par excellence, Venise,

la reine de la Méditerranée, a vu son nom rayé pour toujours de la liste des nations, parce que sa prépondérance n'était pas assise sur la base de la production agricole.

L'Espagne, appauvrie par l'or du Nouveau-Monde, a bien de la peine à reprendre, dans la grande famille européenne, la place que lui a fait perdre l'abandon de son agriculture.

Mais à quoi bon, dira-t-on sans doute, aller chercher dans l'histoire des exemples pour démontrer un fait dont tout le monde convient? — Lisez, dira-t-on encore, les discours prononcés dans les solennités agricoles, et vous resterez convaincu que personne ne songe à contester l'importance de l'agriculture. — Il est vrai que personne ne la conteste, mais malheureusement dire et faire ne sont pas une même chose.

Loin de moi la pensée de critiquer l'importance de certaines dépenses faites en Algérie depuis que l'on s'occupe sérieusement de coloniser; mais je me permettrai de faire observer que le bon sens et la raison démontrent que ces dépenses auraient dû suivre et non précéder les mesures les plus capables de faire progresser l'agriculture. Dans la construction d'un édifice, ne faut-il pas toujours commencer par de solides fondations? C'est aussi de cette manière qu'il faut agir pour la colonie, en considérant le progrès agricole comme la plus solide de toutes les bases fondamentales.

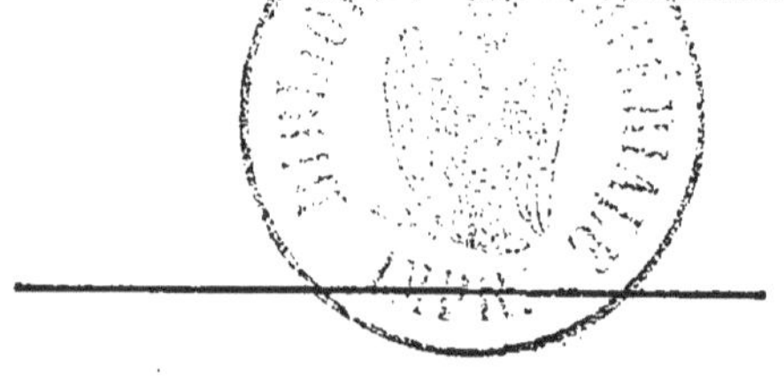

Toulouse, Typ. Ph. Montaubin, petite rue Saint-Rome, 1.